FUNÉRAILLES

DE

M. L'ABBÉ MONTEUUIS

CURÉ-DOYEN

DE GUINES (Pas-de-Calais)

COMPTE-RENDU

Extrait du Journal l'AVENIR de Saint-Pierre.

ORAISON FUNÈBRE

Prononcée par M. l'abbé JONAS, Grand-Doyen de Boulogne-s-mer

DISCOURS

Par M. GODY, Conseiller général et Maire de Guînes.

18 MAI 1876

SAINT-PIERRE

IMP. ET LITH. DE H. GONTIER, 21, RUE DE VIC

— 1876 —

FUNÉRAILLES DE M. MONTEUUIS

CURÉ-DOYEN DE GUINES.

Mes cheveux blancs, mon corps courbé par le grand âge,
M'annoncent que ma course est bien près de finir.
Lorsque j'aurai franchi le funèbre passage,
Amis, au vieil ami, donnez un souvenir.

(Extrait d'un discours en vers prononcé par M. Monteuuis, à l'occasion de son Jubilé, le 4 mai 1875.)

Il faudrait, sinon la plume, du moins les souvenirs d'un ancien parmi les Guînois, pour retracer fidèlement et dans toute leur éloquence, ces marques de sympathie et de profonds regrets offertes par le troupeau tout entier à la mémoire du pasteur qui, pendant quarante-deux ans, fut mêlé aux joies et aux tristesses de chacun, et qu'un de ses paroissiens caractérisait d'un mot en s'écriant : « Notre famille à tous était sa famille à lui ! »

Mais il suffisait d'assister à ces obsèques, et il n'était même pas nécessaire d'avoir vécu dans l'intimité du défunt pour se sentir frappé au cœur par les manifestations d'un deuil unanime. Le ciel lui-même, en nous privant du moindre de ses rayons, semblait mêler ses regrets à la tristesse générale, et pourtant, combien l'intelligence de M. Monteuuis ne rayonna-t-elle point sur tout, lui qui avait su poétiser la Charité et toutes les vertus humaines ; lui, enfin, qui était si poétique et si aimable dans tous ses actes !

Il est dix heures et demie ; les cloches bourdonnent ; les tambours et clairons appellent sapeurs-pompiers et musiciens, et l'on voit bientôt arriver la municipalité, toutes les administrations de la ville, la police et la gendarmerie. L'allée des Tilleuls est tendue dans toute sa longueur. Un mot d'ordre semble s'être donné : toutes les demeures, petites ou grandes, sur le passage du cortége, sont complétement fermées, sans en excepter les établissements publics, et toutes sont tendues comme pour un jour de Fête-Dieu, avec cette différence qu'au lieu que les tentures soient garnies de fleurs, elles sont parsemées de croix et de larmes.

Après avoir parcouru trois ou quatre rues principales, le cortége entre à l'église, déjà à moitié remplie par un flot de demoiselles en blanc et voilées, et par un nombre aussi important de dames dont les coiffures pouvaient varier entre elles, mais toutes indistinctement recouvertes d'un voile noir. Ajoutons que l'église est littéralement tendue de noir, depuis les orgues jusqu'au chœur.

Pendant le service, chanté par M. Jonas, grand-doyen de l'arrondissement, l'orgue, par la main si habile de M. Fournier, nous distille plusieurs de ses mélodies les plus sympathiques au vieux doyen ; puis MM. Richard et Lodève, ténors de la cathédrale de Boulogne, nous font entendre le premier, d'une voix aussi charmante que douce, les chants du *Kyrie* et du *Dies Iræ*, et le deuxième, un *Pie Jesu* de Leprovost, chanté d'une façon tout à fait magistrale. Le lutrin était tenu par un ancien vicaire de Saint-Pierre, M. François, curé d'Andres, et soutenu par la maîtrise et le chœur des demoiselles.

Le service est fini, mais constatons, pour donner une idée de la nombreuse assistance, que l'offrande se termine en même temps, cette partie de la cérémonie ayant duré quarante-cinq minutes.

Après une invocation funèbre exécutée par la fanfare de Guînes, M. le grand-doyen Jonas, que l'on sait originaire de Guînes, monte en chaire et, dans un discours écrit, rappelle avec une grande expansion du cœur les qualités et les vertus, en un mot, la vie si pleine de mérite pour le clergé, comme pour ses paroissiens, de celui dont il fut autrefois l'élève et toujours l'ami. Ce discours est si bien dit et dans des termes si touchants, qu'hommes et femmes se laissent également attendrir.

L'absoute, cette dernière prière que l'Eglise consacre aux morts, est ensuite chantée par M. Duriez, grand-doyen de Notre-Dame de Saint-Omer, depuis 1833 et ancien vicaire de cette même paroisse, comme le regretté M. Monteuuis, et que l'ancien collègue et ami a voulu reconduire à sa dernière demeure, malgré sa santé toujours chancelante.

Les cloches se remettent en branle, et le cortége, encore plus compacte, se dirige, dans son ordre primitif, vers le cimetière, situé à l'extrémité de la ville. Sur le deuxième parcours comme sur le premier, même deuil, mêmes manifestations, mêmes regrets. Tous les rez-de-chaussées sont clos et recouverts de tentures aux emblêmes de la mort, et des grappes d'enfants et de mères de famille garnissent petites et grandes fenêtres, tableau humain qui rappelle si volontiers le précepte du Christ, qu'avait si bien mis en pratique le bon et populaire doyen : « Laissez venir à moi les petits enfants. » Sur le vaste Parcage, racontait un témoin oculaire, le convoi, composé d'hommes et de femmes en nombre à peu près égal, les demoiselles en blanc tranchant sur le grand deuil des dames, produisait un effet aussi merveilleux qu'imposant.

Le clergé était représenté par cinquante prêtres fournis par le canton de Guînes tout entier et les cantons d'Ardres, Audruick, Calais et Marquise. Citons, parmi eux, après MM. Jonas et Duriez, grands-doyens, MM. les doyens de Calais, de Marquise et de Bourbourg; M. Duchêne, supérieur des Franciscaines; M. l'abbé Decrouïlle, directeur du pensionnat Saint-Pierre, qui reçut la dernière pensée écrite de M. Monteuuis, et M. Robert, le nouveau doyen d'Ardres. Et dans la foule, suivant de près la famille du défunt, M. l'abbé Meunier, vicaire de Guînes, qui, l'un des premiers, reçut la fatale nouvelle, et qui eut la triste mission d'en informer ses paroissiens comme de présider aux funèbres préparatifs !

Les coins du poële étaient tenus par M. Gody, membre du Conseil général et maire de Guînes ; M. Ch. de Guizelin, président du conseil de fabrique ; M. Popieul, adjoint au maire et secrétaire du conseil de fabrique ; M. le chanoine Senet, né à Guînes et deux des plus anciens curés du canton.

Au cimetière, M. Gody prononça un éloquent discours, que nous regrettons de ne pouvoir reproduire à cause de son étendue, mais qui sera certainement imprimé à part : nul doute que tous les Guînois ne veuillent conserver, en souvenir de leur regretté pasteur, cet éloquent panégyrique, dont chacune des paroles semblait un écho parti du cœur de chacun des membres de la population !

Mais ne finissons pas, c'est-à-dire ne quittons

pas le cimetière sans rendre compte de la touchante manifestation dont nous avons été témoin. Quand tout le cortége se fut écoulé, le séjour des morts fut envahi par une foule d'enfants de tous âges — ils étaient bien trois cents. — En un clin d'œil les innocents entourèrent la tombe du bon pasteur, et durant un quart d'heure, ils restèrent là, muets et immobiles : leur silence en disait plus que tous les pleurs !...

Maintenant que, dans la mesure de nos moyens et dans l'étendue de nos sympathies, nous avons rendu hommage à toutes les perfections du cœur de M. Monteuuis, offrons aussi un public tribut aux qualités de l'esprit du digne curé. Mieux que nous encore sa chère et si désolée famille saura bientôt quels trésors d'esprit il laisse, non-seulement dans nos souvenirs, mais aussi dans ses manuscrits. Formons donc ici le vœu que les œuvres si remarquables de M. Monteuuis soient coordonnées et éditées, pour que du moins ceux qu'il abandonne après plus de quarante années de sollicitude puissent encore s'abreuver aux sources de son génie fécond et intarissable ! Pour notre part, nous y contribuerons en publiant prochainement dans ces colonnes l'une de ses œuvres les plus remarquables, intitulée : *La Dernière Cartouche* ; cette œuvre est l'une de ses dernières : nos lecteurs y verront que l'âme du vieux curé-doyen avait conservé toutes ses ardeurs patriotiques.

(Extrait de l'*Avenir de Saint-Pierre* du 21 mai 1876.)

ORAISON FUNÈBRE

PRONONCÉE

Par M. l'Abbé JONAS, Grand-Doyen

DE BOULOGNE-SUR-MER

In memoria æterna erit Justus.
La mémoire du Juste vivra éternellement.

Mes Frères,

En présence de ce cercueil qui renferme la dépouille mortelle de votre vénéré Doyen, de celui que nous avons appris à aimer et à vénérer dès notre enfance, qui voulut bien nous honorer de son estime et de son amitié, et dont la mort si inopinée est un deuil pour toute cette paroisse qui le chérissait comme un père, nous aurions voulu qu'il nous fût permis de nous renfermer dans le silence de notre douleur et qu'une voix plus éloquente que la nôtre vînt vous parler de celui que le Seigneur avait favorisé de toutes les qualités de l'esprit et du cœur. Oui, en face d'un si grand sujet, je sens ma faiblesse et mon impuissance : et pourtant, vous demandez que je vous parle de votre bien-aimé Pasteur, de celui qui, pendant plus de quarante ans, fut votre père, votre ami, le directeur de vos âmes. J'essayerai donc de le faire, et si ma parole n'est point à la hauteur d'un si grand sujet, j'ose compter sur votre bienveillante indulgence.

M. l'abbé Monteuuis naquit à Marquise au commencement de ce siècle, le 1er novembre 1800, d'une honorable famille où étaient héréditaires les nobles traditions de la piété et de l'honneur. Elevé par une mère chrétienne, le jeune Monteuuis montra, dès ses plus tendres années, les plus heureuses dispositions pour la piété et l'étude, et sous l'habile direction de son vénéré père, qui fut son premier maître, il fit de rapides progrès dans les sciences et les lettres. Au collége de Saint-Omer, où il fut envoyé pour terminer ses études, il se distingua parmi les jeunes gens de son âge. Mais sa bonté, sa douceur, sa modestie lui firent volontiers pardonner ses succès et n'excitèrent jamais aucun sentiment d'envie parmi ses condisciples.

A 18 ans, il avait terminé le cours de ses humanités. Le moment était venu d'étudier sa vocation. Il crut d'abord que Dieu l'appelait au difficile mais glorieux ministère de l'éducation de la jeunesse, et c'est dans cette pensée qu'il vint dans cette ville même fonder une maison d'éducation. Les enfants des meilleures familles lui furent confiés. Il se vit bientôt investi dans ses nouvelles fonctions de l'estime et de la confiance de tout ce qu'il y avait de plus honorable dans le pays, et pourtant, son âme était inquiète et agitée. Il devina bientôt qu'il n'était pas dans sa vocation et que Dieu l'appelait ailleurs; et, un jour, sous l'impulsion de la grâce d'En-Haut, il résolut de dire adieu à sa famille, dont il était la joie et l'orgueil: au monde et à la société, qui lui promettaient un brillant avenir. Il crut que Dieu l'appelait au sacerdoce. Il n'hésite pas un instant, il s'arrache aux embrassements des siens qui voudraient en vain le retenir, et il sollicite son entrée au grand Séminaire d'Arras, où il est accueilli avec bonheur. Là, pendant trois ans, dans cette maison d'études et de prières, au sein de la milice sacerdotale, il se livre avec ardeur à l'étude de la théologie et de la science ecclésiastique : bientôt il est jugé digne d'être appelé à l'honneur du sacerdoce.

Quelle sera l'heureuse paroisse qui aura les prémices de

son zèle? Ses supérieurs, qui avaient remarqué ses talents, l'aménité de son caractère, sa douceur incomparable, sa merveilleuse aptitude pour la chaire chrétienne, qu'il devait, plus tard, honorer par sa douce et poétique éloquence, le désignèrent pour un poste d'honneur au vénérable prélat, Mgr de la Tour d'Auvergne, de sainte et vénérée mémoire, qui gouvernait alors le diocèse d'Arras. Sa Grandeur le nomma vicaire de la cathédrale de Saint-Omer.

C'est là que, sous l'habile direction de M. l'abbé Deron, vénérable débris de l'ancien clergé, confesseur de la foi pendant la période révolutionnaire de 93, et dont le souvenir est impérissable à Saint-Omer, c'est là, dis-je, que M. l'abbé Monteuuis fit ses premières armes, s'il m'est permis de parler ainsi. Les débuts de son ministère furent heureux et marqués par les plus brillants succès. Sa piété, sa douceur, son inépuisable charité lui gagnèrent tous les cœurs : c'est là surtout que son merveilleux talent pour la chaire se fit remarquer. Sa parole douce et persuasive éclairait les intelligences, remuait doucement les cœurs et faisait aimer la vertu. Aumônier de la prison criminelle de cette ville, il devait visiter les prisonniers, les instruire, les consoler, les ramener au bien et plusieurs fois il dut accompagner de grands criminels sur l'échafaud. Son ardente charité le mit toujours à la hauteur de ce pénible et difficile ministère.

Qui pourrait dire les merveilleux fruits de salut qu'il produisit dans les âmes pendant les dix années qu'il passa dans cette paroisse heureuse de le posséder, et, à l'heure qu'il est, après quarante ans écoulés, le souvenir de son zèle infatigable; le souvenir de son inépuisable charité, de sa bonté, de toutes les vertus qui font le bon prêtre, est encore vivant dans cette cité, et ceux qui l'ont connu alors et qui l'ont aimé, lui ont conservé leur estime et leur affection.

Témoins de ses succès, de sa prudence, de sa sagesse dans la direction des âmes, et, bien qu'il fût jeune encore, ses supérieurs crurent que le moment était venu de lui confier un poste éminent. La cure de Guînes était vacante. M. l'abbé Tourtois, après trente-quatre années passées dans cette importante paroisse, venait de mourir. Il fallait lui donner un successeur. Mgr de la Tour d'Auvergne, juste appréciateur du mérite, jeta les yeux sur le jeune et zélé vicaire de Notre-Dame de Saint-Omer. M. l'abbé Monteuuis fut, en effet, désigné pour cette importante cure. Vous pensez peut-être que cette nouvelle fut accueillie par le jeune vicaire avec une grande joie! Hélas, non, mes frères, non, ce fut pour son cœur, si saintement et si généreusement dévoué aux fidèles paroissiens de Notre-Dame, le sujet d'une profonde tristesse! Tant de liens l'attachaient à cette paroisse! Il y comptait tant d'amis dévoués et sincères! Il aimait tant les œuvres de zèle que le vénéré pasteur y avait suscitées et auxquelles il donnait volontiers son concours! La nouvelle de sa nomination au doyenné de Guînes fut donc pour son cœur le sujet d'une profonde tristesse, et si la pensée du devoir, si le respect profond pour l'autorité, respect qu'il a gardé toute sa vie, n'eussent fait taire toutes ses répugnances pour les dignités et les honneurs auxquels il était appelé, il eût volontiers consenti à garder les modestes fonctions de vicaire. Mais le Seigneur avait parlé par la voix de son pontife, il fallut obéir et c'est alors qu'il est venu au milieu de vous, mes frères, je devrais dire au milieu de nous, dans toute l'ardeur de la jeunesse, précédé de cette réputation de savoir, de piété, de zèle, de charité qui, dès son arrivée au milieu de nous, lui gagna tous les cœurs. Aussi avec quels élans de joie cette nouvelle fut-elle accueillie par la population tout entière!

Il nous en souvient encore, nous enfant de la paroisse, déjà jeune lévite aspirant à l'honneur du sacerdoce, cette nouvelle nous causa une grande joie, et le jour où nous eûmes le bonheur de voir pour la première fois le bien-aimé pasteur que le Seigneur nous envoyait dans sa miséricordieuse bonté, ce jour est resté dans notre souvenir comme l'un des plus beaux jours de notre vie. Quelques mois après, Monseigneur, comme témoignage de sa haute estime pour le jeune doyen de Guînes, le nomma chanoine honoraire de sa cathédrale, et il ne crut pas trop faire pour récompenser son mérite.

C'était en 1834. Dès lors, le bien aimé Pasteur se mit résolûment à l'œuvre, et pendant l'espace de quarante-deux ans, il fut, au milieu de vous, l'homme de Dieu, l'homme du devoir, l'homme du dévouement, l'homme de la charité, l'homme de toutes les bonnes œuvres ! Ah ! mes frères, je ne crains pas d'en appeler à vos souvenirs. En effet, n'avez-vous pas été les heureux témoins de ses travaux, de ses fatigues, de ses veilles, de ses courses pour le bien de vos âmes ? N'a-t-il pas été pour vous le bon pasteur ? Ne s'est-il pas fait tout à tous pour vous gagner à Jésus-Christ ? Ne mettait-il pas sa joie et son bonheur à remplir les fonctions du ministère paroissial, les plus humbles, les plus modestes aussi bien que les plus sublimes ? Ah ! vous le savez, volontiers il bénissait vos enfants à leur entrée dans la vie, pour en faire, par le saint Baptême, des enfants de Dieu et de l'Eglise. Volontiers il les initiait aux premiers éléments de la doctrine chrétienne pour préparer leur âme et disposer leurs jeunes cœurs au plus grand acte de la vie chrétienne, et la veille de sa mort ne remplissait-il pas encore ce sublime ministère ? Avec quel zèle et quelle constance n'a-t-il pas rempli, jusqu'à la fin de sa vie, le difficile ministère de la prédication ?

Associé à toutes vos joies, vous le savez bien, il n'est jamais resté étranger à aucune de vos tristesses. Il vous portait tous dans son cœur. Toujours il s'est montré l'ami et le bienfaiteur des pauvres, qu'il se plaisait à regarder comme les meilleurs amis de son Dieu. O vous les deshérités de la fortune, vous connaissiez bien le chemin de sa demeure et que de fois vous avez frappé à sa porte ! Dites-le moi, avez-vous jamais en vain fait appel à son inépuisable charité ? Ah ! il connaissait bien aussi le chemin de vos chaumières, et que de fois il en a franchi le seuil pour y porter, avec son aumône, les ineffables consolations de son ministère.

Comme son divin Maître, il avait une prédilection particulière pour la jeunesse. Oh ! comme il aimait vos enfants ! Avec quelle paternelle bonté il les accueillait, les caressait et les bénissait.

Ami des pauvres, ami de la jeunesse, il était aussi

l'ami et le conseiller des riches, et il usait volontiers de l'influence que lui donnaient sa position, son savoir, ses relations sociales, pour solliciter des faveurs, non pour lui, mais pour ceux qui réclamaient sa haute protection. Obliger était un besoin pour son cœur compatissant et dévoué. Il était accessible et bienveillant pour tous, et son bonheur était de faire des heureux. Mais, hélas! était-il toujours payé de retour? Qui oserait le dire? Et pourtant, mes frères, qui de vous a surpris sur ses lèvres, un murmure, une plainte, un reproche, une parole amère? Toujours d'une humeur égale et tranquille, il paraissait jouir d'une paix inaltérable! Ah! sans doute, le cœur de son divin Maître était son confident et c'est là qu'il puisait cette douce quiétude qu'on apercevait dans toute sa personne.

Comme Curé-Doyen, son action ne devait pas se borner à sa paroisse, mais elle devait s'étendre à toutes les paroisses de son Doyenné. Prêtres vénérés qui entourez aujourd'hui sa dépouille mortelle, qui l'avez connu, qui l'aimiez comme un père, ce serait à vous de nous dire, toute la bonté de son cœur, l'expansion de son âme. N'était-il pas, si je puis parler ainsi, l'âme de vos réunions fraternelles? Tout ce qu'il possédait de science, de sagesse, de prudence, ne le mettait-il pas à votre service? Comme il aimait à présider vos cérémonies et à en rehausser l'éclat par sa présence : Bénédictions d'Églises, bénédictions de Calvaires, érections de Chemins de Croix, rien ne lui restait étranger. Il n'est pas une église du Doyenné qui n'ait entendu sa parole éloquente, toujours suave et persuasive. Prêtres vénérés, vous le savez, il était pour vous un père, un ami bien plus qu'un supérieur. Sa présence au milieu de vous y portait la joie et encourageait vos efforts dans les difficiles travaux du saint Ministère. C'est ainsi que le bon Pasteur, que le bon et vénéré Doyen passait en faisant le bien. *Pertransiit benefaciendo.*

Hélas, le poids des ans commençait à se faire sentir; sa santé si robuste jusque-là, et qui semblait lui promettre de longues années encore parut s'altérer: depuis quelque temps déjà, ses forces semblaient trahir sa volonté : un mal secret qui déjoue toutes les ressources de l'art, minait sourdement sa robuste constitution. Il était mûr pour le Ciel, bientôt il devait être ravi à notre tendresse et à notre affection. Samedi dernier, vers quatre heures après-midi, sans que rien d'extraordinaire pût faire soupçonner un coup si prompt et si funeste, il rendit sa belle âme à Dieu. Il ne fut pas surpris par la mort, il s'y était préparé par une vie pleine de bonnes œuvres, et la veille encore, il s'était agenouillé au pied de son confesseur et l'absolution était descendue sur son âme avec la bénédiction du ministre de Jésus-Christ.

Cette triste et douloureuse nouvelle se répandit bientôt par toute la cité, et fut accueillie par toutes les marques d'une profonde tristesse, et, aujourd'hui, cette foule sympathique qui se presse dans le temple trop étroit pour la contenir, ces larmes qui coulent de vos yeux nous disent assez haut votre douleur.

Et vous, pieux parents du vénéré défunt, votre douleur est amère ; vos cœurs sont brisés par la mort inopinée de celui que vous avez tant aimé. Toutefois, ne pleurez pas comme ceux qui n'ont pas d'espérance, consolez-vous. Celui que vous pleurez a fourni une longue carrière : il laisse une mémoire vénérée, et son souvenir est impérissable dans nos cœurs reconnaissants : plein de jours et de mérites, il n'a quitté ce monde que pour un monde meilleur, et il me semble qu'il a pu se présenter devant le Seigneur en répétant les paroles du grand Apôtre : « Seigneur, j'ai combattu le bon combat, j'ai conservé la foi, j'ai achevé ma course, j'attends du juste Juge la récompense du fidèle serviteur. »

Et vous, ô mes frères bien aimés, pieux habitants de cette paroisse, en face de ce cercueil, promettez bien de garder fidèlement les leçons qu'il vous a données. Sa bouche glacée par la mort n'est pas encore muette ; prêtez encore une fois l'oreille à ses enseignements, car ce cercueil est une chaire d'où il vous parle pour la dernière fois, d'où il vous prêche avec une irrésistible éloquence le néant de la vie, la vanité des biens et des honneurs de ce monde, la nécessité de la vertu. Il nous crie à tous : une seule chose est nécessaire. *Porro unum est necessarium.*

O Seigneur Jésus, Pontife des biens futurs, votre Prêtre a combattu le bon combat, il a terminé sa course, il ne lui reste plus qu'à recevoir la couronne de justice que votre bonté lui tient en réserve. Toutefois, ô mon Dieu, votre serviteur a participé à la commune fragilité : n'entrez donc pas en jugement avec lui, parce que nul homme ne sera justifié devant vous si la rémission de ses péchés ne lui est pas accordée en vertu de la rémission surabondante opérée par le sang de Jésus-Christ. C'est pourquoi, mes frères, nous devons tous prier pour lui. Oui, nous prierons, nous, parce qu'il fut notre frère dans le sacerdoce. Vous prierez, vous, ô mes frères, parce qu'il fut votre Pasteur, le père et le guide de vos âmes ; l'instrument dont Dieu s'est servi pour répandre sur vous toutes ses grâces. Nous prierons tous afin qu'il plaise à Dieu, s'il ne l'a déjà fait, le recevoir dans le sein de sa miséricordieuse bonté et lui faire goûter les joies du Paradis.

Ainsi soit-il.

DISCOURS

Prononcé par M. GODY, Conseiller général et Maire

DE GUINES

Messieurs,

Si les fonctions publiques réservent à ceux qui les remplissent des heures de satisfaction et de joie, lorsque quelque bien a été fait, une œuvre utile réalisée, un devoir accompli, elles imposent aussi parfois, comme aujourd'hui, de douloureuses obligations, de pénibles sacrifices : ainsi, devant ce cercueil qui renferme la dépouille mortelle de notre cher et vénéré Doyen, l'homme privé, l'ami, le parent eût voulu se recueillir et renfermer au plus profond de son cœur les sentiments qui l'oppressent. Mais il est un devoir, doux et cruel à la fois, qui s'impose à lui et il doit à la ville de Guînes, il doit au Prêtre éminent lui-même que nous pleurons d'exprimer, en ce moment suprême, les sentiments de reconnaissance et les regrets de cette population si bonne, qui aime tant ceux qui l'aiment et que la mort de M. Monteuuis a si profondément émue. Ce sera peut-être d'ailleurs, je veux l'espérer, une sorte de consolation pour nous que de parler de celui que nous avons perdu et de rappeler les services si précieux qu'il a rendus, le bien qu'il a fait, ses mérites, ses vertus et sa vie si belle, si utile et si dévouée.

Il est, Messieurs, on n'en saurait douter, des natures prédestinées, des vocations irrésistibles, des hommes marqués d'un sceau par le Créateur de toutes choses pour un but que rien ne saurait les empêcher de poursuivre et d'atteindre ; heureuses natures qui, après quelques hésitations, peut-être, au début, marchent fermes et résolues devant elles dès qu'elles ont reconnu leur voie ; que rien ne détourne, ne retarde, n'arrête et qui accomplissent imperturbablement les desseins pour lesquels elles ont été créées. M. Monteuuis fut une de ces natures privilégiées. Fils d'un père qui avait, avec passion, on peut le dire, consacré sa vie à l'instruction de la jeunesse, il s'était, tout jeune encore, senti poussé vers ces enfants qu'il a toujours tant aimés et, il n'est personne qui ne se le rappelle avec attendrissement, qu'il était si heureux de couvrir de caresses quand ils accouraient à lui tout joyeux et, comme une grappe vivante, se suspendaient à sa soutane. Sa première pensée fut donc de se consacrer à eux. Cette tâche devait lui plaire, à lui l'homme doux, bon, aimant par excellence, de prendre ces jeunes âmes si pures, et, en les entourant d'une sollicitude tendre et éclairée et avec des soins presque maternels, de les initier peu à peu à la connaissance, à l'amour de Dieu et du Bien en même temps qu'à la science humaine.

Il ouvrit donc une école, et c'est à Guînes qu'il vint l'ouvrir, dans cette ville où devait s'accomplir la destinée que lui avait préparée la volonté divine et qui devint sa patrie d'adoption. Mais de quelques soins, de quelque sollicitude qu'il entourât ses chers élèves, le besoin de charité, d'amour, de dévouement qui dévorait son âme ardente n'était pas assouvi et la voie où il était entré ne lui paraissait point encore assez large.

Que de doutes et d'incertitudes, à ce moment de

sa vie ; dans ces heures de méditations qu'il allait demander à la solitude et au silence de la forêt ! Là, loin du bruit de la ville et de toute distraction, recueilli profondément au milieu de cette nature qui le révèle, il se sentait plus près de Dieu, il l'interrogeait, il s'interrogeait lui-même et, un jour, il se levait tout à coup, calme, apaisé, sa voie venait d'apparaître, illuminée, devant lui et il s'y engageait avec résolution : il serait Prêtre et il trouverait ainsi à satisfaire cet immense besoin de charité et de dévouement qui le possédait ; il pourrait ainsi ouvrir et répandre les trésors inépuisables de bonté et d'amour du prochain qu'il sentait dans son cœur.

Je n'ai pas à dire, cela a été fait par une voix plus éloquente et plus autorisée que la mienne, quelle fut sa carrière sacerdotale, ni les légitimes succès de toute nature qu'il y rencontra pour le bien et pour la gloire de la religion : la religion ! comment, d'ailleurs, ne l'aurait-il pas fait aimer ? Dans la chaire aussi bien que dans les relations privées il en parlait avec une onction si douce, si persuasive et si convaincue qu'il n'était personne qui ne subît le charme de sa parole. Il avait, au suprême degré, l'éloquence du cœur et sa nature de Prêtre, de missionnaire et, disons-le, de poëte, qui lui faisait trouver des tours ingénieux, des mouvements oratoires et des rapprochements inattendus, lui procurait des ressources inépuisables et le servait admirablement pour exprimer et rendre plus pénétrante sa pensée dans un langage pur, châtié et toujours élevé. Aussi, l'entendre était-il une fête pour le cœur et pour l'esprit même le plus délicat.

Vicaire à Notre-Dame de Saint-Omer, il avait noué dans cette ville, en peu de temps, les amitiés les plus précieuses et il s'était attiré l'amour de toute la population ; aussi, le jour où il fut nommé à la cure de Guînes fut-il presque un jour de deuil public et l'on se rappelle tous les témoignages d'affection et de regrets qui lui furent donnés et l'accompagnèrent ici.

Pour lui, il allait où Dieu le conduisait, là où il avait à remplir et où il a rempli sa sainte mission, refusant les postes plus élevés où l'appelaient le mérite le plus éminent, de hautes et rares facultés et voulant, ce sera notre juste orgueil, vivre et mourir au milieu de nous.

Et maintenant ai-je à vous dire, Messieurs, quelle a été la vie de M. Monteuuis à Guînes ? Est-ce à vous qui l'avez tous connu et tant aimé que j'ai besoin de rappeler ce visage toujours souriant, cette nature si simple, si bonne et si charmante à la fois, ce cœur d'or qui renfermait d'inépuisables trésors de bienveillance, de charité et de dévouement ? Est-ce devant cette population qui se presse ici tout entière pour lui rendre les derniers devoirs, qu'il guidait depuis le berceau jusqu'à la tombe, qu'il enseignait par la parole et par l'exemple, aux joies, aux douleurs, à la vie de laquelle il n'a cessé d'être mêlé depuis plus de quarante ans, que j'ai besoin de montrer cette âme si pure, si belle, qui semblait planer toujours dans ces régions sereines où viennent s'éteindre et expirer tous les bruits de la terre et où sont à tout jamais ignorées les haines, la colère, les divisions, ces misères de la vie humaine ? Oh ! non ! Vous savez tous comme moi ce que valait l'homme, ce que valait le prêtre ; vous savez tous, comme moi, qu'il n'avait pas de plus grand bonheur, de plus grande joie que le bonheur et la joie d'autrui ; qu'il ne possédait rien qui ne fût à tous, que jamais homme n'a pratiqué plus généreusement l'oubli de soi-même et ne fut plus détaché des biens de la terre et qu'il pouvait dire, comme son divin Maître, que son royaume n'était pas de ce monde. Tous nous aimions à le voir, à le sentir près de nous, parce qu'il avait toujours des consolations pour toutes les douleurs, des encouragements pour toutes les défaillances, de douces et bonnes paroles pour tous.

Hélas ! il y a un an, à peine, à l'occasion de son Jubilé de Prêtre, ses paroissiens lui offraient une fête qui toucha vivement son cœur et qui resserra encore les liens qui l'unissaient à nous ; jamais il n'avait été aussi heureux; c'était la récompense bien méritée, de quarante années de sacerdoce parmi nous. Monseigneur l'Evêque d'Arras, dans ce langage si touchant que son cœur sait trouver, avait exprimé le vœu de voir, dans quelques années, M. Monteuuis faire son Jubilé de Doyen; ce vœu avait soulevé d'unanimes applaudissements : il ne devait pas être exaucé.

M. Monteuuis était un de ces hommes qui poussent l'accomplissement du devoir jusqu'au sacrifice de la vie et, sa vie, il était toujours prêt, comme le bon Pasteur, à la donner pour ses ouailles.

Aussi quand, depuis quelques mois, sa santé gravement ébranlée lui conseillait, lui imposait même un repos qu'il pouvait prendre assurément, secondé comme on sait qu'il l'était, sans craindre de voir compromis les intérêts si chers qui lui étaient confiés , son zèle l'emportait et, comme le soldat, il est mort, lui soldat aussi, sur le champ de bataille.

La ville de Guînes a fait aujourd'hui une grande, une irréparable perte, et il n'est pas une famille qui ne croie avoir perdu l'un des siens. Mais pour nous, cependant, nous ne l'avons pas entièrement perdu car il nous laisse le souvenir impérissable du bien qu'il a fait, des vertus qu'il a pratiquées, des trésors de bonté, de charité qu'il a répandus avec usure : et pour vous, vous n'êtes pas mort non plus véritablement, ô mon cher cousin ! car cette vie fugitive et mortelle n'était pour vous qu'une préparation à une vie supérieure, plus glorieuse, et, comme l'insecte, vous avez brisé et abandonné votre dépouille terrestre pour renaître à la vie éternelle.

Et maintenant que vous êtes auprès de ce Dieu auquel votre âme n'a jamais cessé d'aspirer, vous continuerez de nous aimer, de veiller, comme vous le faisiez sur la terre, sur nous qui aimions à nous considérer comme vos enfants ; vous le prierez de nous accorder la paix des cœurs, l'union, la concorde, comme tant de fois vous l'avez fait au pied des autels; vous le prierez, enfin, de répandre ses bénédictions sur cette Ville que vous avez tant aimée et qui vous aimait tant aussi.

Adieu ! ô notre cher et vénéré Doyen !

Adieu !

18 MAI 1876.

ST-PIERRE. IMP. & LITH. H. GONTIER

45

www.ingramcontent.com/pod-product-compliance
Ingram Content Group UK Ltd.
Pitfield, Milton Keynes, MK11 3LW, UK
UKHW021154230726
13926UKWH00001B/101